Made in the USA
Columbia, SC
12 November 2023

25926838R00067